BEI GRIN MACHT SICH IHR
WISSEN BEZAHLT

AF167947

- Wir veröffentlichen Ihre Hausarbeit,
  Bachelor- und Masterarbeit

- Ihr eigenes eBook und Buch -
  weltweit in allen wichtigen Shops

- Verdienen Sie an jedem Verkauf

Jetzt bei www.GRIN.com hochladen
und kostenlos publizieren

Bibliografische Information der Deutschen Nationalbibliothek:

Die Deutsche Bibliothek verzeichnet diese Publikation in der Deutschen National-bibliografie; detaillierte bibliografische Daten sind im Internet über http://dnb.d-nb.de/ abrufbar.

Impressum:

Copyright © 2016 GRIN Verlag
Druck und Bindung: Books on Demand GmbH, Norderstedt Germany
ISBN: 9783346100917

Dieses Buch bei GRIN:

https://www.grin.com/document/511979

Tobias Dirigl

Ungewollte Personalfluktuation in sozialen Organisationen

Chancen und Risiken der Mitarbeiterbindung für Organisationen, Mitarbeiter und Klienten

GRIN Verlag

GRIN - Your knowledge has value

Der GRIN Verlag publiziert seit 1998 wissenschaftliche Arbeiten von Studenten, Hochschullehrern und anderen Akademikern als eBook und gedrucktes Buch. Die Verlagswebsite www.grin.com ist die ideale Plattform zur Veröffentlichung von Hausarbeiten, Abschlussarbeiten, wissenschaftlichen Aufsätzen, Dissertationen und Fachbüchern.

Katholische Universität Eichstätt-Ingolstadt
Philosophisch-Pädagogische Fakultät
Seminar: Organisationsbezogene Handlungskompetenzen
Wintersemester 2015/16
12.02.2016

Ungewollte Personalfluktuation in sozialen Organisationen

Chancen und Risiken der Mitarbeiterbindung für Organisationen, Mitarbeiter und Klienten

Tobias Diegl

Inhaltsverzeichnis

Abkürzungsverzeichnis

AG ....Arbeitgeber

AN ....Arbeitnehmer

AV ....Arbeitsverhältnis

bzgl. ....bezüglich

bzw. ....beziehungsweise

ca. ....circa

evtl. ....eventuell

ggf. ....gegebenfalls

MA ....Mitarbeiter

MAG ....Mitarbeiterbindung

u.v.m. ....und   viele   mehr

z.B. ....zum   Beispiel

Abbildungsverzeichnis

1. Einführung

1.1 Ziel der Arbeit und Abgrenzung des Untersuchungsfeldes

Ungewollte Personalfluktuation hat weitreichende negative Auswirkungen die bisher oft nur beiläufig und unvollständig wahrgenommen werden. Dadurch ergibt sich auch, dass die ge-zielte Mitarbeiterbindung in vielen Organisationen nicht oder zu wenig stattfindet. In dieser Arbeit soll deshalb aufzeigt werden welche Probleme für die Organisation/Arbeitgeber, den Arbeitnehmer und insbesondere für die Klienten entstehen, wenn aufgrund von schlech-ter/nicht zeitgemäßer Personalführung ungewollte Personalfluktuation entsteht. Auf weitere Einflussfaktoren die eine Auswirkung auf die Personalstärke besitzen können, wie z.B. verfüg-bares Budget, gewollter Personalabbau oder andere Formen gezielter Personalpolitik wird in dieser Arbeit nicht eingegangen. Stattdessen ist es das Ziel aufzuzeigen welche Chancen eine mitarbeiterfreundliche Personalführung und Personalpolitik für alle Beteiligten einer sozialen Organisation (AG, AN und Klient) mit sich bringt und welche Herausforderungen zu überwin-den sind um ungewollte Personalfluktuation zu vermeiden.

1.2 Aufbau der Arbeit

Zunächst wird der Begriff Fluktuation bzw. ungewollte Personalfluktuation beschrieben. Im An-schluss folgen Darstellungen die die aktuelle Lage und die Herausforderungen beschreiben.

Darauffolgend widmet sich die Arbeit der Personalführung/Personalmanagement und zeigt welche Chancen, Risiken und Grenzen die Mitarbeiterbindung mit sich bringt. Zudem werden Statistiken beleuchtet die aufzeigen wo häufiger Handlungsbedarf besteht. Um den Transfer in die Praxis zu erleichtern werden zudem Konzepte und ein Beispiel vorgestellt die als Orien-tierungshilfe bzw. Veranschaulichung dienen sollen.

In der anschließenden Zusammenfassung soll dargestellt werden welche Veränderungen in der Personalführung bisher stattgefunden haben und welche aktuellen Herausforderungen noch zu bewältigen sind. Zuletzt wird ein Ausblick in die Zukunft gewagt in dem aufgezeigt wird wie sich die Zukunft der Organisationen mit ihren Mitarbeitern und Klienten entwickeln könnte. Aber vorerst zurück zum Anfang, zur Begriffsdefinition.

1.3 Definition

Unter Fluktuation wird im engeren Sinne meist ein Stellenwechsel verstanden, der über die Organisationsgrenzen hinaus geschieht. Der individuumsinitierter Stellenwechsel kann dabei von der bisherigen Organisation „weg" (z.B. bei geringer Zufriedenheit) oder aufgrund von at-traktiven Aussichten zu einer Organisation „hin" führen (Schuler & Sonntag, 2007)

Der Begriff beschreibt lediglich eine objektive Entwicklung ohne dabei eine Wertung zu beinhalten. Deshalb ist es wichtig, grundsätzlich zwischen der vom Arbeitgeber gewollten und ungewollten Fluktuation zu unterscheiden. Auf die Personalfluktuation (die die jährliche Ausscheidungsquote eines Unternehmens, einer Organisation oder manchmal auch die einer Abteilung angibt) bezogen, bedeutet dies, das nicht grundsätzlich davon auszugehen ist dass das Ausscheiden eines Mitarbeiters negativ zu werten ist.

Genau genommen beschreibt der Begriff lediglich die Anzahl oder die Quote der Mitarbeiter die das Unternehmen verlassen haben. Entscheidend ist jedoch auch aus welchen Grund das Personal aus dem Unternehmen ausgeschieden ist. Wurde ein befristeter Vertrag nicht verlängert, befand sich die Person noch in der Probezeit, kam es zu einer Versetzung in eine andere Abteilung, stand eine Berentung an oder kam es zu einer Auszeit aufgrund von Schwangerschaft oder Elternzeit? Es gibt eine Vielzahl von Gründen und die Liste könnte noch beliebig weitergeführt werden. Entscheidend sind jedoch lediglich zwei Punkte. Erstens, hätte der Arbeitgeber die Stelle gerne besetzt belassen, oder war es eine vorteilhafte oder zumindest keine nachteilige Situation für die Organisation. Anders formuliert, sprechen wir von ungewollter oder gewollter Personalfluktuation? Und zweitens, hätte der Arbeitgeber Einfluss auf das Geschehen nehmen können.

Im Folgenden möchte ich mich ausschließlich auf die ungewollte Fluktuation beschränken um aufzuzeigen wie sich diese negativ auf Organisationen, deren Mitarbeitern und insbesondere auf die Klienten auswirken kann.

1.4 Problemstellung und Ausgangssituation

„Nichts ist so beständig wie der Wandel" (Zinsmeister, 2015). Dies schrieb Heraklit von Ephesus schon vor ca. 2500 Jahren und dennoch ist diese Aussage sehr aktuell. Von der Veränderung ist auch der Arbeitsmarkt stark betroffen. Während er früher noch sehr übersichtlich war, ist dieser heute deutlich komplexer geworden und somit nur noch schwer zu überblicken. Hiermit sind nicht nur die inzwischen vielen Berufsvarianten bzw. ihre Spezialisierungen gemeint, sondern vielmehr die Veränderung die bzgl. der Beziehung zwischen Arbeitgeber und Arbeitnehmer stattgefunden haben. Im Laufe der Zeit etablierten sich immer mehr Beschäftigungsverhältnisse (wie z.B. Teilzeitarbeit, Telearbeit, Werksverträge, Zeitarbeit u.v.m.) Dies zeigt, wieviel Flexibilität der Arbeitsmarkt von Arbeitgeber und Arbeitnehmer verlangt aber auf der anderen Seite auch verlangt wird. Da der Wandel auch aktuell keinen Halt macht stehen derzeit ebenfalls große Herausforderungen an.

Die zu geringe Anzahl an qualifizierten Personen auf dem Arbeitsmarkt (erkennbar durch den zunehmenden Fachkräftemangel) stellt die Arbeitgeber bereits vor die große Herausforderung überhaupt genug Bewerber zu akquirieren. Zudem wird die Auswahl an Bewerbern durch den steigenden Bedarf an ausgebildeten Personen im sozialen Bereich (der unter anderem durch den Ausbau an Kindertagesstätten oder durch die Betreuung von minderjähren Flüchtlingen entsteht) zusätzlich verringert. Unter anderen auch diesem Umstand (der großen Not an Fachkräften) dürfte es geschuldet sein, dass die Erwartungen an die Arbeitsbedingungen und den Kriterien unter denen die potenziellen Bewerber und das vorhandenen Personal bereit sind zu arbeiten heute deutlich anspruchsvoller sind. Aber auch neben den neu dazugekommenen Ansprüchen der Arbeitnehmer, existieren auch weiterhin ganz natürliche menschliche Wünsche die teilweise zu lange nicht oder noch immer nicht vollständig von den Arbeitgebern berücksichtigt werden.

Die bewusste oder unbewusste Nichtbeachtung dieser Punkte, die für den jeweiligen Arbeitnehmer entscheiden (und untereinander selbstverständlich nicht vollständig deckungsgleich sind und somit die Berücksichtigung der Wünsche noch anspruchsvoller macht), bringt eine Vielzahl an Problemen mit sich die letztendlich oftmals zu einer Resignation und ggf. zur Kündigung des Arbeitsverhältnisses führen sofern dieses bereits existiert. Potenzielle Bewerber (sofern die Auswahl vorhanden ist) werden die potenziellen Arbeitgeber/Stellenangebote miteinander vergleichen. Hierbei erhält die Bezahlung längst nicht den Einfluss wie es oftmals angenommen wird (Felfe, 2008).

Aufgrund dessen, dass sich diese Arbeit auf die ungewollte Fluktuation beschränkt bzw. sich mit Mitarbeiterbindung beschäftigt wird im Folgenden nur auf die Situation eines vorhandenen Beschäftigungsverhältnisses eingegangen.

Leitdrangende sind bei ungewollter Fluktuation jedoch nicht nur die Organisationen (bei denen es an motivierten Mitarbeitern mangelt oder gänzlich gutes Personal verliert bzw. Probleme bei der Personalbeschaffung hat) oder die Mitarbeiter (die unzufrieden sind oder besser gesagt nicht mehr unter bestimmten Bedingungen arbeiten möchten). Nein, obwohl hier zahlreiche Untersuchungen enden ist es doch (insbesondere bei Organisationen im Bereich der Dienstleistung) der Kunde, Patient oder Klient der leidet oder stellenweise vielleicht sogar den Auswirkungen ausgeliefert ist. Damit soll nicht behauptet werden, dass es keine Untersuchungen gibt, die Aufzeigen welchen Einfluss die Mitarbeiter sozialer Einrichtungen auf ihre Klienten haben (denn die Chef-Mitarbeiterbeziehung und die Mitarbeiter-Klient-Beziehung wurden zahlreich untersucht). Vielmehr mangelt es an Bewusstsein, bei dem erkannt wird wie stark die Personalführung sich auf die Qualität der Arbeit und somit auf das Wohlbefinden des Klienten auswirkt. Koop (2004) erwähnt dieses Phänomen ebenfalls am Beispiel der Mitarbeiter-Kunden-Beziehung und stellt fest, dass die Zufriedenheit und Bindung der Mitarbeiter als wesentlicher Einflussfaktor für die Zufriedenheit und Bindung der Kunden erwähnt wird.

2. Mitarbeiterbindung

2.1 Mitarbeiterbindung im Feld des Personalmanagements

Während vor einigen Jahren noch überwiegend die Begriffe <<Personalwesen>> oder <<Personalwirtschaft>> verwendet wurden ist heute oftmals von Personalmanagement die Rede. Ein Grund für die Einführung des Begriffes dürfte sein, dass das Personalwesen und die Personalwirtschaft als Ziel lediglich eine betriebswirtschaftlich effiziente Ausführung der Personalaufgaben hatten. Mit Personalmanagement soll dagegen auch das gestaltende und strategische Element der Personalführung zum Ausdruck gebracht werden. (Adam, 2012)

In der folgenden Abbildung sind die jeweiligen Verbindungen zum Personalmanagement erkennbar.

Abbildung 1: Das Dreieck des Personalmanagements

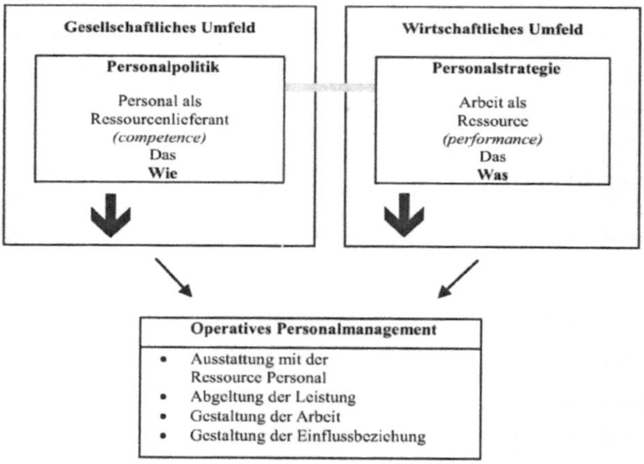

(Adam, 2012, S. 119)

Personalführung oder auch „Mitarbeitendenführung kann hingegen allgemein definiert werden als ein zielgerichtetes, soziales Beeinflussungshandeln von Personen im Rahmen der Einrichtung durch dafür geeignete Kommuniktationsprozesse bei entsprechender Organisation der inhaltlich-sachlichen Aufgabenbereiche" (Tergeist, 2015, S. 54).

Obwohl Mitarbeiterbindung nur ein Teilbereich des Personalmanagment ist, betrifft es dennoch jede Kategorie. So ist das Ziel Mitarbeiterbindung in der Personalstrategie einzukategorisieren, während die Umsetzung dem Bereich Personalpolitik zuzuordnen ist.

2.2 Chancen und Risiken

Mitarbeiterbindung ist unausweichlich eine humane Angelegenheit. Daher ist und bleibt es ein komplexes Thema das auf mehreren Ebenen stattfindet. Gründe die für eine Mitarbeiterbindung sprechen sind vielseitig. Dennoch gibt es auch Situationen bei denen eine Mitarbeiterbindung nicht strebenswert oder sogar nachteilig sein kann. Im folgenden Kapiteln soll gezeigt werden in welchen Fällen die Mitarbeiterbindung nützlich ist und welche Vorteile dadurch zu erwarten sind. Zudem werden auch die Risiken und Grenzen der Mitarbeiterbindung genannt.

2.2.1 Chancen für die Organisation

Zufriedenheit der Mitarbeiter ist eine Grundvoraussetzung um diese ans Unternehmen dauerhaft zu binden. Der positive Nebeneffekt dabei ist, dass zufriedene Mitarbeiter sich positiv auf den Unternehmenserfolg auswirken. Sowohl in der Forschung sowie auch in der Praxis wird von einem positiven Zusammenhang zwischen der Zufriedenheit der Mitarbeiter und der Zufriedenheit der Kunden ausgegangen (Koop, 2004). So können nicht nur Ausgaben (die für die Neubeschaffung von Personal anfallen würden) gespart werden, sondern auch ggf. die Einnahmen gesteigert werden.

Zudem kann es als gute Werbung dienen die potenzielle Auftraggeber oder Bewerber auf das Unternehmen aufmerksam macht. Dass vor allem in Zeiten des Fachkräftemangels eine mitarbeiterorientierte Ausrichtung und Darstellung des Unternehmens von immer mehr Arbeitgebern praktiziert wird, zeigt das Beispiel >>Great Place to Work<<. Die Unternehmen, die an diesem Ranking teilnehmen investieren viel Zeit und bringen für die Teilnahme große finanzielle Mittel auf (Hauser, 2016).

Das Ranking, das laut eigener Angabe die Besten Arbeitgeber darstellt, vergleicht Arbeitgeber bzgl. ihrer besonderen Qualität und Attraktivität (Metz, 2014). Im Jahr 2015 erreichte das Unternehmen >>St. Josefshaus Herten<< in der Kategorie >>Soziales<< die beste Platzierung (Hauser, 2016).

Dieses Unternehmen bietet ein gutes Beispiel wie Mitarbeiterbindung durch mitarbeiterorientierte Personalpolitik zu erreichen ist. Zudem präsentiert das St. Josefshaus Herten durch eine separate Homepage für potenzielle Bewerber und den Imagefilmen äußerst professionell ihre besonderen Leistungen die den Mitarbeitern gewährt werden. Eine Leistung die aktuell noch von wenigen anderen engagierten Unternehmen angeboten wird ist das Zeitwertkonto. Während die inhaltlichen Vorteile dieses Modells dem Mitarbeiter zu gute kommen und deshalb im Kapitel 2.2.2 vorgestellt werden sind es die dadurch entstehenden Nebenerscheinungen die dem Unternehmen von Nutzen sind.

Durch die gesteigerte persönliche Flexibilität und das erhöhte Wertschätzungsgefühl der Mitarbeiter kann zum einen die gewünschte Mitarbeiterbindung erzielt werden und zum anderen werden Fehlzeiten und Krankheitstage reduziert. Weitere Vorteile die das Unternehmen unter Umständen daraus ziehen kann, sind reduzierte Kosten aufgrund von höherer Leistungsfähigkeit/Leistungsbereitschaft, gesteigerte Effektivität und eine größere Auswahl an Bewerbern (Gertz, 2004).

Ein weiterer Einflussfaktor für die Bindung an das Unternehmen ist der, wie Stolz die Mitarbeiter sind in dieser Organisation arbeiten zu dürfen. Hier hat Deutschland wie in der folgenden Grafik zu erkennen ist im Durchschnitt noch jede Menge entwicklungspotenzial.

Abbildung 2: Commitment in Deutschland und Europa

Fragen zum Commitment

Häufigkeiten

Ich bin stolz darauf, für diese Organisation zu arbeiten!

Land	Ablehnung	Zustimmung
BELGIEN	6.4%	65.6%
DÄNEMARK	7.5%	77.4%
DEUTSCHLAND	14.4%	54%
GRIECHENLAND	15.3%	57%
ITALIEN	11%	50%
SPANIEN	11.6%	56.2%
FRANKREICH	14.3%	55.6%
IRLAND	9%	72.9%
NIEDERLANDE	6.4%	67.6%
PORTUGAL	5.3%	65.6%
GROSSBRITANNIEN	11%	67.6%
FINNLAND	6.6%	83.6%
SCHWEDEN	10.9%	65.7%
ÖSTERREICH	12.9%	57.3%

(Felfe, 2008, S. 102)

Wenn Mitarbeiter vorhanden sind, die von ihrer Tätigkeit und ihren Arbeitgeber begeistert sind, kann dieses Potenzial weiter genutzt werden (sofern die Mitarbeiter dahingehend motiviert sind) indem diese Mitarbeiter Interviews, Vorträge, Infoveranstaltungen oder in Filmen für den Arbeitgeber werben (Tergeist, 2015). Dies sorgt nicht nur für neue Bewerber, weiter steigende Motivation der bereits motivierten Mitarbeiter, sondern fördert auch den Stolz der Mitarbeiter bei denen dieser bisher noch nicht sonderlich ausgeprägt war. Dies geschieht zum einen indem ihnen aufgezeigt wird welche Leistungen der Arbeitgeber den Mitarbeiter bietet und zum anderen steigt der Stolz in jenen Unternehmen arbeiten zu dürfen dadurch, dass die Organisation durch diese Art von Unternehmensdarstellung in der Gesellschaft eine Imageverbesserung erlebt.

Welchen negativen Einfluss das Management in der Vergangenheit stellenweise ausgeübt hat, zeigt (Tergeist, 2015) indem sie beschreibt, dass durch Fachkräftemangel, finanzielle Kürzungen und zunehmende Arbeitsverdichtung bei gleichzeitig steigenden Anforderungen an die Arbeitsqualität die Mitarbeiter das Verhältnis zum Klienten zunehmend funktionaler betrachten.

Dies zeigt nicht nur den Einfluss vom Management, sondern auch welches Potenzial noch vorhanden ist. Erkennbar wird dies auch in der Auswertung die aufzeigt, dass 20% des Gesamtpersonals innerbetrieblich bzgl. des Aufgabenbereichs falsch eingeteilt sind (Gertz, 2004).

2.2.2 Chancen für den Mitarbeiter

Durch das Bestreben die Mitarbeiter an das Unternehmen zu binden, können die Angestellten auf mehrere Annehmlichkeiten hoffen. Hiermit sind neben den materiellen Vorteilen wie Firmenwagen, Arbeitshandy oder andere Vorzüge (die nach (Gertz, 2004) sich unwesentlich auf die Zufriedenheit und somit auch auf das Bindungsverhalten der Mitarbeiter auswirkt) auch immaterielles Gut gemeint. Dazu gehören Beispielsweise überdurchschnittlich viel Urlaub, Flexibilität bzgl. der Arbeitszeiten, bessere Arbeitsbedingungen, unbefristete Arbeitsverhältnisse und somit Planungssicherheit.

Eine andere Herangehensweise aufzuzeigen welche Punkte sich für die Mitarbeiter verbessern könnten, ist jene die Aufzeigt was die Mitarbeiter bisher dazu bewogen hat das Unternehmen zu verlassen. Exakt diese Themen könnte sich der Arbeitgeber vornehmen und Mitarbeiterfreundlicher gestalten. Eine Auswahl an häufigen Fluktuationsgründen hat (Wolf, 2013) aufgelistet, die ich hier in gekürzter Form aufzeigen möchte.

Im Bereich des Unternehmens allgemein:

- Fehlende Weiterbildungsmöglichkeiten
- Unzureichende Karriereaussichten
- Unzureichendes Gehalt

Im Bereich Arbeitsinhalte und Arbeitsumfeld, das durch den Vorgesetzten gestaltet wird:

- Mangelnde Klarheit über eigene Rechte/Pflichten, eigene Aufgaben
- Unbefriedigendes Aufgabenfeld
- Unzureichende Information über unternehmensrelevante Neuigkeiten
- Unzureichende Anerkennung von Leistungen

Einige aufgezählte Punkte spiegeln eine mangelnde empfundene Wertschätzung wieder. Diese muss dabei nicht zwingend existieren, jedenfalls wird sie vom Mitarbeiter empfunden. Die einzelnen Punkte können selbstverständlich von Organisation zu Organisation oder auch von Mitarbeiter zu Mitarbeiter variieren. Sie sollen an dieser Stelle lediglich einen Eindruck bieten, welche Punkte die Mitarbeiter zur Fluktuation bewegen können und somit potenzielle Verbesserungsmöglichkeiten darstellen.

Zudem besteht für die Mitarbeiter die Chance, dass in Organisationen in denen die Zufriedenheit der Mitarbeiter einen wichtigen Stellenwert einnimmt in der Regel auch ein gutes Betriebsklima existieren wird. Dieses gestaltet das Arbeiten angenehmer und nimmt somit einen weiteren Grund die Organisation zu wechseln (Wolf, 2013).

2.2.3 Chancen für den Klienten

Ein wesentliches Ziel dieser Arbeit ist es aufzuzeigen, dass eine gute und zeitgemäße Personalführung/Personalmanagement sich nicht nur positiv auf die Mitarbeiter, das Betriebsklima u.v.m., sondern sich auch (am Beispiel sozialer Organisationen) auf die Klienten auswirkt. Obwohl die eigene Personalführung selbstverständlich bei keinen Unternehmen zu den angebotenen Dienstleistungen gehört, beschäftigen sich die Organisationen in diesem Zuge dennoch (wenn auch indirekt) mit ihrer Kernaufgabe >>das Wohl des Klienten zu sichern<<. Eine oftmals entscheidende Voraussetzung um Erfolg in der sozialen Arbeit zu erreichen ist, das Vertrauen des Klienten zu erlangen. Dies ist nur durch eine andauernde persönliche Zusammenarbeit zwischen Klient und der jeweiligen Bezugsperson (Personal) zu erreichen. Deshalb sollte die Personalstabilität nicht nur Beachtung bei den Bezugspersonen selbst, sondern auch bei jenen finden die für die Personalplanung, Personaleinteilung und Personalbeschaffung verantwortlich sind. Oder anders formuliert, das Personalmanagement hat einen wesentlichen Einfluss auf die Qualität der sozialen Arbeit die geleistet wird indem sie gute oder unvorteilhafte Rahmenbedingungen schafft.

Rahmenbedingungen die zu einer Mitarbeiterbindung führen, können dem Klienten ein sicheres und gewohntes Umfeld bieten. Das positive Betriebsklima kann sich ebenfalls auch positiv auf die Mitarbeiter-Klienten-Beziehung auswirken und unter Umständen zu einer vergleichsweise besseren Versorgungsqualität beitragen.

2.2.4 Risiko für die Organisation

Auch wenn die Chancen aus Sicht der Organisation vor allem im wirtschaftlichen Vorteil liegen können, besteht zeitgleich auch hierin das größte Risiko. Ein fester Personalbestand kann zu einem starren Gefüge mit ausschließlich unbefristeten Verträgen führen die die Flexibilität des Unternehmens einschränkt. Trotz der durch Mitarbeiterbindung errungenen Wettbewerbsvorteile gegenüber den Mitbewerbern kann die Wirtschaftslage einer Organisation beeinträchtigt werden. Mögliche Einflüsse sind Marktveränderungen z.B. durch politische Entscheidungen. Durch die beschränkten Möglichkeiten kann das Unternehmen dann nur bedingt auf die neuen Umstände reagieren.

2.2.5 Risiko für den Mitarbeiter

Ein Übermaß an Mitarbeiterbindung und Loyalität kann sich negativ auswirken. Mögliche Folgeerscheinungen sind Kadavergehorsam und Korpsgeist die die Kehrseite der Medaille zeigen. Diese begünstigen die Duldung oder Vertuschung von unethischen Handlungen, wie z.B. Diskriminierung oder verleiten Mitarbeiter selber, unethische bzw. kriminelle Handlungen zu begehen (Felfe, 2008).

Eine weitere Gefahr besteht darin, dass durch ein Übermaß an Bindung sich der Mitarbeiter für die Organisation aufopfert und dadurch körperlich geschädigt werden kann. Zudem besteht die Gefahr sich in eine zu große Abhängigkeit zu geraten die sich ebenfalls negativ auswirken kann. Extreme emotionale oder finanzielle Abhängigkeiten schaffen eine Notlage die von dritten ausgenutzt werden könnte. Aber wie bereits oben geschildert kann ein solcher überzogener Bezug zu einer Organisation auch zu eigenen unethischen Verhalten führen. Zudem besteht die Gefahr eine Betriebsblindheit zu entwickeln die wiederum die objektive Beurteilungsfähigkeit von richtig und falsch beeinträchtigen kann (Felfe, 2008).

2.2.6 Risiko für den Klienten

Mögliche Nachteile für den Klienten könnten sein, dass bei einer geringen Fluktuationsrate neue Methoden nicht im gleichen Umfang oder Unmittelbarkeit Einzug finden wie es andernfalls wäre. Es bestände die Gefahr, dass von den etablierten Personal Veränderungen vermieden werden. Mitarbeiter die einen frischen Wind aufgrund von verschiedenen Einsatzbereichen bzw. Beschäftigungsverhältnissen und ein breites Maß an Erfahrungen mitbringen würden blieben dann aus oder kommen in deutlich geringerer Anzahl ins Unternehmen. Dadurch könnten Nachteile in der Betreuungsqualität bzw. Betreuungsmethode für die Klienten entstehen.

2.2.7 Grenzen

Mitarbeiterbindung kann unter Umständen eine Vielzahl an Vorteilen mit sich bringen. Jedoch birgt sie wie bereits erwähnt auch Risiken die zu beachten sind. Eine große Herausforderung besteht demnach darin, herauszufinden wann die Vorteile überwiegen und wann nicht. Es gibt Umstände in denen es einfach zu beurteilen wäre. Wenn z.b. für ein von Beginn an befristetes Projekt ein Mitarbeiter gefunden wird der ein befristetes Arbeitsverhältnis anstrebt, gäbe es keine Differenzen und keinerlei Nachteile für Arbeitgeber, Arbeitnehmer oder Klient. Schwierig wird es jedoch, wenn Organisationen vor der Herausforderung stehen, Mitarbeiterbindung zielgerichtet anzuwenden. Was tun, wenn sich herausstellt, dass ein einzelner oder eine geringe Anzahl an Mitarbeitern als ungeeignet erscheint jedoch grundsätzlich eine Mitarbeiterbindung angestrebt wird um das übrige Fachpersonal zu behalten. Diese Situation wird in keiner Literatur näher beschrieben. Keine der angegebenen Strategien, Ratschlägen und Studien bieten hierauf konkrete Lösungsmuster. Es scheint, als wäre dies der Preis der für die Vorzüge von Mitarbeiterbindung zu zahlen ist. Als Handlungsspielraum scheint lediglich die Möglichkeit vorhanden zu sein neben den Bindungsbestrebungen die auf das gesamte Personal ausgerichtet sind, einzelne Projekte zu erstellen, die zielgerichtet auf die Belegschaft Anwendung finden könnte. Aber auch dieses Vorgehen beinhaltet wiederum neue Risiken und muss ebenfalls im Einzelnen mit ihren Vor- und Nachteilen abgewogen werden.

2.3 Transfer in die Praxis

Sämtliche Erkenntnisse sind Wertlos, wenn diese nicht Einzug in die Praxis erhalten. Deshalb wird im Folgenden dargestellt wie der Transfer des oben erlangten Wissens in die Praxis erfolgen könnte.

Der Erfolg jedes Unternehmens hängt maßgeblich von den Menschen ab die in diesem Unternehmen arbeiten. Da die konkreten Vorstellungen der Individuen unterschiedlich ausfallen können und jedes Unternehmen ihre eigene Kultur bereits entwickelt hat, kann es nicht den einen perfekten Fahrplan geben. Neben den individuellen Vorstellungen sind Gemeinsamkeiten in Gruppen zu finden. So dürften im Regelfall junge Mitarbeiter andere Wünsche besitzen als reifere Mitarbeiter. Singles sind anders zu motivieren als Väter und Mütter. Unter diesen Aspekt soll im Folgenden aufgezeigt werden welche Faktoren zu einer besseren Mitarbeiterbindung und im Idealfall zu einer höheren Qualität in der sozialen Arbeit führen können. Im Einzelnen muss jedoch jede Organisation für sich (eventuell mit Hilfe von Beratungsunternehmen) prüfen ob bzw. welche Aspekte förderlich sind und mit diesen Erkenntnissen ein eigenes Personalmanagementkonzept erstellen. Zudem bedarf es regelmäßiger Überprüfung ob das jeweilige Konzept den herrschenden Umständen entspricht oder zur Verfolgung der Unternehmensstrategie angepasst werden muss.

2.3.1 Konzepte und Strategien der Mitarbeiterbindung

Unternehmensziel:

Bevor sich eine Organisation mit möglichen Konzepten oder Strategien beschäftigt, ist es wichtig sich zuerst mit seinen Zielen zu beschäftigen. Worin liegen die Herausforderungen (z.B. Beschaffung, Bindung, Qualifikation, Zufriedenheit, korrekte Besetzung/Einteilung, … des Personals) bzw. welche Ziele verfolgt die Organisation.

Strategie:

Wenn diese Fragen geklärt sind und Handlungsbedarf bzw. Handlungsabsicht hinsichtlich der Mitarbeiterbindung besteht ist der nächste Schritt die Analyse. Um die Situation nachhaltig ändern zu können muss zuerst erforscht werden weshalb die Mitarbeiter fluktuieren (Gertz, 2004). Eine umfangreiche Fluktuationsanalyse ist eine sehr zeitaufwändig und ist deshalb vor allem bei langfristigen Unternehmensstrategien bzgl. des Personalmanagement hilfreich.

Eingruppierung:

Zuerst gilt es eine Eingruppierung der Abgänger vorzunehmen. Dies kann wie am Beispiel des Personalstrukurberichts der Hansestadt Hamburg (Bonorden, 2011) in folgende Kategorien geschehen. Tod 1,7%, Kündigung bzw. Entlass 3,3%, Sonstige Grundfluktuation 4,9%, Dienstunfähigkeit/verminderte Erwerbsfähigkeit 5,6%, Alter 24,3%, Zeit-bzw. Vertragsablauf 60,1%.

Auswertung:

Im Anschluss gilt es diese Daten auszuwerten. Wie den Prozentzahlen zu entnehmen ist liegt der Hauptgrund in diesem Beispiel darin, dass keine Verlängerung der Arbeitsverträge stattfindet. Dies kann Teil eines Konzeptes sein, wenn z.B. Personal für zeitlich befristete Projekte benötigt wird. Es kann aber auch eine Strategie sein, unbefristete Verträge zu vermeiden. Die Werte sind somit im Bezug auf das Ziel der Organisation auszuwerten. Dabei soll jede Gruppe mit einbezogen werden. Auch bei vermeintlich kleinen Prozentsätzen oder solchen Gruppen die auf dem ersten Blick vermuten lassen, dass der Arbeitgeber keinen Einfluss hat wie hier Beispielsweise der Tod mit 1,7% sind zu hinterfragen. So könnte sich die Frage stellen - war es ein Betriebsunfall (wie werden die Unfallverhütungsvorschriften beachtet)? War es ein Suizid? Wenn ja, hätte es dem Arbeitgeber die psychische Verfassung des Mitarbeiters auffallen müssen oder hatte sogar die Tätigkeit im Unternehmen einen negativen Einfluss auf die psychische Gesundheit? Wie war der Gesundheitszustand des Mitarbeiters? Kann der Arbeitgeber für die Gesunderhaltung besser fördern, bzw. schafft er gute Umstände für einen gesunden Lebensstil? In diesen Stil können aus jeder Gruppe Optimierungsoptionen erarbeitet werden.

Personalfluktuationsanalyse:

Aufgrund dessen, dass die Eingruppierung und deren Auswertungen lediglich auf eigenen Interpretationen stattfinden ist es umso wichtiger die Beweggründe der Mitarbeiter aus erster Hand zu erfahren.

Dies kann zum einen durch eine Befragung (schriftlich oder mündlich) im Zuge eines Gesprächs stattfinden bei dem der Mitarbeiter verabschiedet wird (Ausstellungsgespräch) oder prophylaktisch in einer anonymen Umfrage der gesamten Belegschaft. Während bei der ersten Option schon Personal verloren gegangen ist, bietet die zweite Option die Möglichkeit ein Ausscheiden zu verhindern. In beiden Fällen gilt aber herauszufinden wie zukünftig dieses Geschehen unter Umständen verhindert werden kann.

Dies kann geschehen indem erfragt wird welche Faktoren die Mitarbeiter positiv bewerten und was sie vermissen oder als störend empfinden. Auch wenn die Aussagen der Befragten vermutlich unvollständig sind und bei der Befragung von ausscheidenden Personal aus Scharm oder aus Bedenken, dass das gesagte/geschriebene Einfluss auf das Arbeitszeugnis haben könnte nicht immer der vollen Wahrheit entspricht, so sind die Erkenntnisse dieser Befragungen doch Goldwert. Eine solche Befragung sollte jedoch nur geschehen, wenn ein ernsthaftes Interesse besteht auf die Belange der Mitarbeiter einzugehen. Eine Tatlosigkeit nach der Befragung könnte sich negativ auf die Motivation und letztendlich auch auf das Bindungsverhalten der Mitarbeiter auswirken.

Welches Potenzial die Fluktuationsanalyse beinhaltet, zeigt das Beispiel von Bertrandt. Hier konnte in einigen Bereichen die Fluktuationsrate inzwischen um mehr als die Hälfte gesenkt werden (Gertz, 2004).

Konzeptentwicklung:

Mit all diesem Wissen lassen sich nun konkrete Maßnahmen entwickeln und in die Praxis umsetzen. Zudem kann festgestellt werden welche Maßnahmen die bereits eingeführt worden sind erfolgreich sind und welche nicht länger fortgeführt bzw. welche abgeändert werden müssen.

Controlling:

Selbst das beste Konzept kann keinen dauerhaften Erfolg versprechen. Deshalb ist es von besonderer Bedeutung das aktuelle Handeln in geregelten Abständen zu überprüfen und ggf. den neuen Umständen anzupassen. Veränderung gilt als unaufhaltsam und somit wird Personalmanagement zu einer Daueraufgabe (selbst wenn es gelingt die Personalfluktuationsrate gering zu halten). Jeder einzelne Mitarbeiter wird sich im Laufe der Zeit verändern und wie uns bereits bekannt ist, ist auch die Zusammensetzung der Belegschaft einem ständigen Wandel ausgeliefert. Außerdem wirken auch äußere Einflussfaktoren der jeweiligen Zeit auf die Beleg-schaft die von Natur aus Veränderung mit sich bringt.

Die Schlussfolgerung lautet daher zum einen Veränderungen rechtzeitig zu erkennen und zum anderen sich diesen anzupassen. Dieses Vorgehen sollte Teil jedes Personalkonzeptes sein, das auch in Zukunft Anwendung finden möchte. Dauerhafter Erfolg wird nur dann möglich sein, wenn geregelt Untersucht wird welche Bedürfnisse aktuell vorhanden sind und diese Einzug in das Personalmanagement und in die Personalführung finden.

3. Diskussion

3.1 Bemerkungen zum Beispiel

Das im Anhang befindliche Beispiel zeig (obwohl es ein Beispiel wie aus dem Bilderbuch ist) wie mit einer schwierigen Situation im Personalwesen umgegangen werden kann und wie aus einer für den MA aussichtslos empfundenen Lage (die ohne Eingreifen zur straken Unzufrie-denheit auf beiden Seiten und langfristig vielleicht sogar zur Beendigung des Arbeitsverhält-nisses geführt hätte,) das Beste aus den Umständen gemacht wurde. Indem sich der Pflege-dienstleiter äußerst lösungsorientiert der Sache und verständnisvoll gegenüber der Mitarbei-terin verhalten hat wurde eine für beide Seiten zufriedenstellende Lösung gefunden die zudem eine sehr hohe Mitarbeiterbindung erzeugt haben dürfte. Wer eine solche Unterstützung er-halten hat, wird auch bereit sein davon etwas zurückzugeben und zudem dem Unternehmen lange Dankbar sein. Solche Faktoren haben einen vielfachen größeren Einfluss auf die Zufrie-denheit und somit auf das Bindungsverhalten der Mitarbeiter als Beispielsweise eine Lohner-höhung. Die im Beispiel erwähnte Arbeitstätigkeit der Arbeitnehmerin oder die Ursache die zu der problematischen Situation geführt haben sind im Grunde unrelevant und dienen lediglich als Beispiel. Allgemein betrachtet zeigt das Beispiel, dass offene Kommunikation zwischen dem Personalmanagement und den Mitarbeitern die Grundlage darstellt und mit individuellen Lösungen Fluktuation verringert und die Qualität der Arbeit erhört werden kann.

3.2 Zusammenfassung

Zusammengefasst lässt sich festhalten, dass auf die Fragestellung >>wie beeinflusst Mitar-beiterbindung die Qualität der Arbeit am Klienten?<< wenig wissenschaftliche Antworten vor-handen sind. Bisher gibt es kaum Literatur bzw. keine Statistiken die das ganze Zusammen-spiel zwischen Organisationen, Mitarbeitern und Klienten umfangreich darstellen. Es gibt zwar viel in Bezug auf die Auswirkung von Mitarbeiterbindung auf das Unternehmen und umgekehrt. Im Bereich wie sich die Mitarbeiterzufriedenheit bzw. die Mitarbeiterbindung auf das Wohler-gehen des Klienten auswirkt, gibt es jedoch wenig Konkretes.

Auf die Fragestellung >>wie Mitarbeiterbindung zu erreichen ist?<< konnten mehrere Hinweise gegeben werden. Ein wesentlicher Einflussfaktor ist die emotionale Bindungskraft die durch Motivation erlangt werden kann. Wie Motivation wiederrum erreicht wird und welche Vorteile diese mit sich bringen kann fasst Tergeist im folgenden Zitat anschaulich zusammen.

„Je mehr die individuellen Bedürfnisse erfüllt sind, umso höher ist die Identifikation mit der Arbeit und die Motivation. Je höher die Motivation ist, umso ausgeprägter ist das Engagement und die Leistungsbereitschaft, sich für die Arbeit und die Organisation einzusetzen und Weiterentwicklungen und Veränderungen aktiv mitzugestalten und voranzubringen" (Tergeist, 2015, S. 67).

Zudem beschreibt (Tergeist, 2015), dass ein Arbeitsplatz im sozialen Feld, der motivierend und bindend für die Beschäftigten ist, zu höherer Ziel- und Kundenorientierung beiträgt und hat darüber hinaus Signalwirkung für potenzielle zukünftige Mitarbeitende. Meist sind es Führungskräfte die mit ihrem Führungsverhalten dazu beitragen Bedingungen zu schaffen, die sich auf die Motivation der Mitarbeiter auswirken. Was die Mitarbeiter jedoch motiviert, bestimmen diese selbst.

Erkenntnisse aus mehreren Studien zeigen, dass es um die Mitarbeiterbindung in den Unternehmen bisher nicht sonderlich gut bestellt ist. So liegt der Anteil derjenigen die emotional hoch mit ihrem Arbeitgeber verbunden sind bei etwa 13 Prozent. Gut zwei Drittel der Arbeitnehmer kennzeichnen sich als gering bzw. mäßig verbunden, während etwa jeder fünfte Arbeitnehmer in Deutschland gar keine oder gar negative Bindung zum Arbeitgeber verspürt (Wolf, 2013).

All dies zeigt auf, welches Potenzial eine zeitgemäße und professionell angewandte Personalführung besitzt. Um jedoch damit Erfolg zu haben, sollte sie authentisch und somit ehrlich gemeint sein. Wenn die Belange der Mitarbeiter beachtet werden, ist dies es zwar eine sehr aufwändige Angelegenheit, jedoch könnte es zu einer Winn-Winn-Winn Situation führen bei denen alle Beteiligte ihre Vorteile ziehen könnten.

3.3 Ausblick

Die größte Herausforderung für Unternehmen dürfte es sein, den in ihrer Situation geeigneten Mittelweg zu finden, der die Vorteile der Mitarbeiterbindung nutzt und zugleich die Nachteile die damit einhergehen könnten möglichst geringhält. Die bereits im Kapitel 2 erwähnten Risiken könnten jedoch gezielt angegangen werden indem Beispielsweise die Betreuungsqualität der Klienten durch regelmäßige Fort- und Weiterbildungen gesichert wird. Karrieremöglichkeiten und der damit verbundene Stellenwechsel innerhalb des Unternehmens würden zudem der Methodenroutine entgegenwirken.

Vor welcher Herausforderung die Arbeitgeber allgemein bzgl. der Stellenbesetzung stehen zeigt ein Blick auf die aktuelle und noch bevorstehende Lage. Denn das Bindungsverhalten der Arbeitnehmer hat sich kontinuierlich verringert und die Ansprüche der Arbeitnehmer steigen stetig. Es ist davon auszugehen, dass dieser Trend anhält. Unter diesen Gesichtspunkt und unter dem Aspekt des geographischen Wandels ist es umso wichtiger die Notwendigkeit von Mitarbeiterbindung zu überprüfen und eine zeitgemäße Personalpolitik zu verfolgen.

Gelingt dies den Arbeitgebern dieser Branche, würde dies den Berufszweig attraktiver erscheinen lassen und könnte somit den Trend, (dass immer weniger im sozialen Bereich arbeiten wollen) entgegenwirken. Vorreiter und somit Vorbild ist im Bereich Personalmanagement die IT- und Kommunikationsindustrie (Gertz, 2004). Erste Erfolge sind bereits in Sozia betrieben zu finden, in denen Mitarbeiterführung eines der zentralen Steuerungsinstrumente zur Verwirklichung der Organisationsziele geworden ist und somit an Kontur gewonnen hat (Tergeist, 2015).

Abschließend soll an dieser Stelle dazu ermuntert werden, sich kritisch mit der aktuellen Personalpolitik und der damit verbundenen Personalführung zu beschäftigen. Die umfangreichen Einflüsse sorgen dafür, dass das Personalmanagment einen festen Platz in der Unternehmenskultur verdient hat und regelmäßig auf Aktualität zu überprüfen ist.

So können Arbeitgeber es mit den anstehenden Herausforderungen aufnehmen, Mitarbeiter können zufrieden ihre Tätigkeit ausführen und das wirkt sich wiederum positiv beim Klienten aus.

Quellenverzeichnis

Adam, S. (2012). *Die Sozialfirma - wirtschaftlich arbeiten und sozial handeln*. Bern: Haupt.

Bonorden, V. (Februar 2011). *Hamburg*. Abgerufen am 16. Januar 2016 von http://www.hamburg.de/contentblob/3014960/data/bp-2011-2-psb.pdf

Felfe, J. (2008). *Mitarbeiterbindung*. Göttingen: Hogrefe.

Gertz, W. (2004). *Mitarbeiterbindung*. Düsseldorf: Management & Karriere Verlag.

Hauser, F. (2016). *Great Place to Work*. Abgerufen am 03. Februar 2016 von www.greatplacetowork.de

Koop, B. (2004). *Zufriedenheit und Bindung von Mitarbeitern und Kunden: integrierte Analyse und Steuerung in Unternehmen*. Mannheim: Universität Mannheim.

Metz, A. (2014). *Presseportal*. Abgerufen am 17. Januar 2016 von http://www.presseportal.de/pm/69829/2674812

Schuler, H., & Sonntag, K. (2007). *Handbuch der Arbeits- und Organisationspsychologie*. Göttingen: Hogrefe Verlag GmbH & Co. KG.

Tergeist, G. (2015). *Führen und leiten in sozialen Einrichtungen*. Köln: BALANCE Buch + Medien Verlag.

Wolf, G. (2013). *Mitarbeiterbindung*. Freiburg: Haufe-Lexware GmbH & Co. KG.

Zinsmeister, M. (2015). *Veränderungsconsulting*. Abgerufen am 28. 12 2015 von www.veraenderungs-consulting.de/Zitate/zitate.html

Anhang

Anhang 1: Beispiel erfolgreicher Personalpolitik

„Die 52-jährige Mitarbeiterin Yvonne ist als Vollzeitraft seit fünf Jahren in einem Alten- und Pflegeheim tätig, welches ein abgestuftes System für die Betreuung und Pflege von Seniorinnen und Senioren vorhält. Der Pflegedienstleitung ist aufgefallen, dass Yvonne in der letzten Zeit öfter unkonzentriert in den Teamsitzungen ist, sie auch vereinzelt in der Pflege nicht so sorgfältig arbeitet, wie sie das sonst getan hat. Sie macht einen überlasteten Eindruck. Der Pflegedienstleiter lädt sie deshalb zu einem anlassbezogenen Mitarbeitendengespräch ein, um mit ihr über ihren >>Leistungsabfall<< zu sprechen.

Bei dem Gespräch erzählt Yvonne, dass ihre alleinstehende Mutter vor einigen Wochen zu ihr gezogen ist, da sie nach einem schlecht verheilten Beinbruch nicht mehr in der Lage war, sich selbständig zu versorgen. Das sei für sie mit erheblicher Mehrarbeit zu Hause verbunden und auch mit emotionalen Belastungen, da ihre Mutter durch ihre Beeinträchtigungen recht >>unleidlich<< sei und sie nach der Arbeit sehr beanspruchen würde. Fremde Hilfe nähme ihre Mutter nicht an. Ihr Mann würde sie, Yvonne, zwar unterstützen, aber durch seine Arbeit als LKW-Fahrer sei er viel unterwegs und eher nur am Wochenende zu Hause. Sie habe ein erhebliches Schlafdefizit und merke selber, dass sie manchmal unkonzentriert bei der Arbeit sei.

Auf die Frage, ob sie schon daran gedacht habe, ihre Arbeitszeit im Pflegeheim zu reduzieren, antwortet sie mit Nein und meint, dass sie Sorge habe, ihre Teamkolleginnen zu verärgern und den Dienstplan nicht durcheinanderbringen wolle. Außerdem sei es finanziell auch etwas eng. Der Pflegdienstleiter fragt nach dem Ausmaß der Beeinträchtigungen der Mutter. Yvonne schildert die verschiedenen Unterstützungsbedürfnisse der Mutter. In diesem Zusammenhang informiert der Pflegedienstleiter Yvonne über die Möglichkeit, die Pflegestufe 1 als finanzielle Unterstützung für die Versorgung der Mutter zu beantragen. Er errechnet mit ihr, wie viel Geld die Familie erhält, wenn diese Pflegestufe gewährt würde, und bespricht mit Yvonne die Möglichkeiten einer Arbeitszeitverkürzung. Er schlägt vor, dann in der nächsten Teamsitzung zu besprechen, wie die freiwerdenden Stunden aufgefangen werden können. Gleichzeitig weist er darauf hin, dass sie sich keine Sorgen über den Dienstplan machen solle; es sei seine Aufgabe, dafür zu sorgen, dass der Dienstplan entsprechend abgedeckt wäre. Yvonne bedankt sich für die Eröffnung dieser Möglichkeiten und geht sichtbar entlastet aus dem Gespräch. Die Entscheidung der Krankenkasse über die Gewährung der Pflegestufe erfolgt nach der Antragstellung rasch und ist positiv; Yvonne reduziert entsprechend die Arbeitszeit. Eine Aushilfskraft für die Abdeckung der im Team offenen Stunden wird gefunden; die Teammitglieder waren an der Entscheidung, wer es werden soll, beteiligt und haben sich sehr mitfühlend Yvonne gegenüber verhalten. Yvonne berichtet, dass ihr die Arbeit jetzt wieder richtig Spaß mache und gut >>von der Hand<< gehe" (Tergeist, 2015, S. 68).

BEI GRIN MACHT SICH IHR WISSEN BEZAHLT

- Wir veröffentlichen Ihre Hausarbeit, Bachelor- und Masterarbeit

- Ihr eigenes eBook und Buch - weltweit in allen wichtigen Shops

- Verdienen Sie an jedem Verkauf

Jetzt bei www.GRIN.com hochladen und kostenlos publizieren